순천만 그리고 …

시의 숲에서 영혼을 모종하는

시 농부를 만나 길을 묻다.

순천만 그리고 …

초판 1쇄 인쇄 | 2021년 11월 20일
지은이 | 김광현
펴낸이 | 이재욱(필명:이승훈)
펴낸곳 | 해드림출판사
주 소 | 서울 영등포구 경인로82길 3-4(문래동1가 39)
센터플러스빌딩 1004호(07371)
전 화 | 02-2612-5552
팩 스 | 02-2688-5568
E-mail | jlee5059@hanmail.net

등록번호 제2013-000076
등록일자 2008년 9월 29일

※ 2021년도 순천시와 (재)순천문화재단 지방보조금 지원사업으로 제작되었음.

ISBN 979-11-5634-485-8

순천만 그리고 …

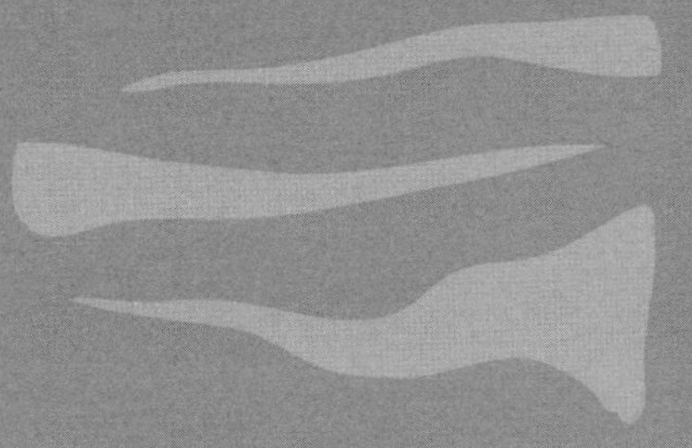

시의 숲에서 영혼을 모종하는
시 농부를 만나 길을 묻다.

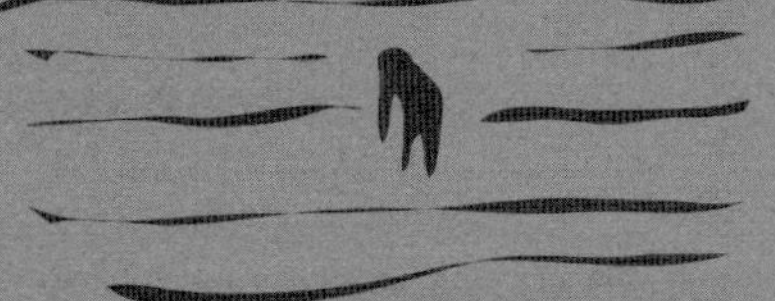

김광현

해드림출판사

펴내는 글

자동차는 기름으로 앞으로 나아가지만 사람은 끝없는 욕망으로 인생을 살아간다

여기저기 푸르름 가득하던 산하가 이제 영글어가는 가을 기운으로 충만하다.

계절이 바뀔 때면 나는 항상 세월의 빠름과 나의 삶에 대한 아쉬움으로 상념에 젖는다.

이제 이순의 나이를 지나 새로운 출발점에 서 있다.

"자동차는 기름으로 앞으로 나아가지만 사람은 끝없는 욕망으로 인생을 살아간다."는 학창 시절 어느 은사님의 말

쏨을 되새기면서 새로운 욕망으로 작은 이야기들을 여기에 옮겨 본다. 새로운 날을 다짐하며…

2021년 가을

김광현

차례

1 세월의 끈을 묶고

2 호수가 보이는 찻집에서

3 순천만 가는 길

4 잠자리처럼

1
세월의 끈을 묶고

세월의 끈을 묶고

우리
삶을 사랑한다면
나이 듦을 아쉬워하지 말자

어느 아침
문득 거울 앞에
구겨진 세월이 서 있어도

누구든 조건 없이
받아야 하는 하늘의
선물이라 여기고

넘치게 살아왔던
시간만을 기억하자

나이는 언제나
마음보다
몸으로 오는 것

자유로웠던 청춘과
행복했던 순간만을 추억하자

멀리 떠났던
바닷물이 갯벌 위에 다시 오르듯
마음에 잠자는 젊음이
새롭게 깨어나도록

우리 삶을
사랑한다면

진정
나이 듦을
아쉬워하지 말자

아름다운 날

나이는 손꼽아 무얼 해

저토록 탐스런
오월의 장미가
세상 향해 손을 흔드는데

청명한 오월의 하늘을 보라

파아란 하늘에
아카시아 꽃등이
대지를 환하게 밝히고

살결처럼 보드라운 신록이
사랑을 노래하며

살랑이는 오월의 바람이
내 푸른 가슴에 입 맞추는데

나이는 세어서 무얼 해

이토록 아름다운 날

장미에게

푸르름 반기는 오월
당신의 땅에
가시 품은 탐스런 욕망
한 송이

살결에 부딪는
싱그런 생명의 자태

빛나는 오월의 태양 앞에
사랑 그리워
처연히 옷 벗은

불타는 정열

아 오월의
장미여

이제는

이제는
무거운 옷을 벗어야 할 때

삶의 언덕에서
덧없이 품고 지낸
남루한 원망도
이제는 버려야 할 때

그동안 가슴에 묻어 둔
바랜 무지개

아직도 찬란한
저- 태양 빛에
새로이 펼쳐 보아야 할 때

엄습하는 긴장도
풀어야 할 숙제도 없는
드넓은 평화의 뜰에서
상큼한 공기로 가슴 채우며

주저하지 않은
백세를 준비해야 할 때

이제는
무거운 옷을 벗어야 할 때

이제는
떠나야 할 때

항상

항상
봄이었으면 좋겠다

따스한 햇살
온누리
가득한 꿈
봄이었으면 좋겠다

밤하늘에 흐르는
은하의 물로
아름다운 꽃을 피워

찬란한 설레임
지지 않을 꽃 세상
봄이었으면 좋겠다

어깨를 들썩이며
몸을 흔들어
세상을 깨우는

꽃들의 전장(戰場)

항상
봄이었으면 좋겠다

빈터

비 오는 날엔
누군가의 전화를 받고 싶다
수화기를 타고 흐르는
젖은 목소리

비 오는 날에는
보라빛 립스틱을 바르고 싶다

찾을 곳도
찾아 올 이도 없는
체념의 빈터에서
초라한 고독
손때 묻은 거울 속을
한없이 서성이고 싶다

비 오는 날엔
사랑 찾아 떠나는 방랑자이고 싶다

레인코트 깃을 따라
허물어진 추억의 동산에서
빛바랜 사랑 찾아 헤매는
영원한 나그네이고 싶다

길 떠나는 친구에게

친구야
네가 떠나는 날
삼월의 하늘엔
소리 없이 봄비 내리고

비 내리는 거리에
슬픔을 나누는
안개만 자욱하구나

너 가는 마지막 길에
난 네게 해줄 게 없어
고작 얇은 부의봉투 하나
하얀 국화 한 송이

잘 가라 친구야
허허로운 세상 뒤로하고
평화가 넘치는 그곳에서
시름없이 영원하길

잘 가라 친구야

잘 가라 친구야

제삿날 밤

그리워

그리워서
타버린 까아만 밤

당신의 무덤가엔
푸른 달빛
비추오고

행여 당신
뵈올세라
사립문 활짝 열어

손꼽아
당신을
기다립니다.

중년의 사월

하늘 끝에 피어난
한 송이 봄꽃은

잔인한 사월
황무지의 축복

환하게 웃는
생명의 용틀임

가슴에 요동치는
봄의 떨림에도

세상을 보지 못하는
허름해진 중년의
발걸음이야

달리는 말 잔등에서
속절없이 내닫는
세월의 이정표만
바라보아야 하는

잔인한 사월

달빛

누군가
못 견디게 그리워질 때

허기진 마음의 창을
비집고 들어오는 네가 있어
고적한 이 밤 행복하다

가슴을 향해
소리 없이 흘러내리는
한줄기 너의 손길로
말라버린 가슴은 이슬에 젖고

세월의 급류에 부대끼며
낯선 세상을 배회하던
게으른 발걸음도

오늘밤
환한 웃음 시름을 접었다

화려하게 빛나는
오월의 눈 뿌신 햇살은 아니어도
고독한 마음자리 끝
그리움 가지 따라

누군가를 밤새도록
가슴에 켜 둘 수 있는
오늘 밤

네가 있어 행복하다

아카시아

이보다 고운 꽃이
세상에 어디 있으랴

오월 푸른 하늘에
하얀 꽃등이 열렸다

떨어질 듯
떨어질 듯
창공을 흔드는 몸짓

부러질 듯
부러질 듯 춤추는
싱그러운 청춘

오월의 하늘에
피어난
하얀 영혼

이보다 아름다운 꽃이
세상에 어디 있으랴

나비

한 송이 꽃처럼
어여쁜 영혼아

푸르디푸른
오월의 하늘을
너울대는 넌
행복한 방랑자

따사로운 봄날
아지랑이 이랑사이를
넘고 넘는
자유로운 영혼

솜털처럼 가벼이
드넓은 이 세상
훨훨

넌
행복한 유랑자

어머니

생각만으로
눈물이 샘처럼 솟는
당신은 어머니

세상
그 무엇에도
뚫리지 않을
굳건한 방패처럼
의연한 당신

타버린 촛불인양
자식 위해
온몸 불사르고

마지막 남은
심지처럼 굽은 허리
당신은 어머니

깊게 베긴 굳은살
이불에 끌려
바삭 소릴 내던
그날 밤

아린 마음 새도록
끓어 넘치던
잊지 못할
사무침의 밤이야
아 어머니

비와 나

비가 내린다
마음이 젖는다

기억의 저편
아픈 속살
흥건히 적시며
비가 내린다

허공에 번지는
애잔한 음악처럼
공허한 옛날이

파문을 일으키며
마당을 때린다

가슴이 젖는다
영혼이 젖는다

이 밤에

여기
저문 밤
낯익은 거리에

위장한 풍요가
하나 둘 눈뜨고

드리워진 커튼 너머
희미한 불빛
기력 없이 허공에 지면

닳아 헤진 구두굽 소리는
내 슬픈 영혼인양
목메인 기적처럼
머얼리

슬픈 그림자와
고단한 육신을 신고
텅 빈 가도를
달리고 있다

그리움

거나하게 술 한 잔
그네에 앉았다

발걸음은
허공을 더듬고
세월을 이기지 못하는

중년의 가슴에
그네처럼 흔들리는
그리움

어린 날
등을 토닥이며
그네를 밀어주던
어머니의 손길

그 어머니의
따뜻한 온기가
등을 따라
내려앉았다

그날이 그립다

그 손길이 그립다.

연가(戀歌)

– 쉰 살 소녀에게

소녀야
날 저문 동구 밖 언덕에 올라
서녘에 지는 하루를 보아라

익은 듯 설익은
빠알간 노을이
하루를 접는 신비의 나라

애타게 찾던 사랑이
서산마루 이름 없는 작은 소나무보다
먼저 기우는 것을

소녀야
온종일 정성스레 뿌려놓은 우리 발자국이
어둠의 빗장에서

흔들리는 플루트 가락처럼
저물어가는 지금

세상을 알아버린
지천명의 늙은 발자국만
길 잃은 별마냥
반짝일 뿐이란다

봄날이 간다

봄날이 간다
화려했던 봄날이 간다

꽃도 가고
영글던 사랑도 간다

봄날이 간다
내 사랑이 간다

풍선처럼 부풀었던 희망도
아름답던 추억도
모두 사라져 간다

가지 말라고
가지 말라고

애원해도
기어이 간다

봄날이 간다

그렇게
또 일년이 간다

2

호수가 보이는 찻집에서

호수가 보이는 찻집에서

따사로운
금빛 봄 햇살
고개 드는
오늘 같은 날에는

호수가 보이는 찻집에 가자

창 넓은 찻집
푹신한 의자에 앉아

황량하게 말라버린 가슴에
사랑의 조각들을 심으며

쑥 향기 그윽한 봄 품에
세상의 가쁜 숨결을 누이자

삶의 언덕에서
순하게 마셨던 미움과 탄식의 조각들을
내려놓고

봄의 가슴에서 피어오르는
아지랑이 벗 삼아

잊혀진 얼굴과 함께
봄바람 한 조각
나누어 마실 수 있는
호수가 보이는 찻집에 가자

카페 아델라

친구야
길지도 짧지도 않은
삶의 골목 어디쯤에

때 묻지 않은 세월
주저리주저리 열린
시월의 밤바다가 그립거든

외로운 바람 한줄기
어슴프레 우릴 향해 걸어오는
아델라에 가자

세월의 길섶에
잔인하게 홀로 남겨둔
고운 사연과 감미로운 음악이

푸른 달빛에 실려
부메랑 되어 돌아오는
카사블랑카로

번잡한 지중해의
호화로운 영화 속 카페는 아니어도

우리 함께
따뜻한 희망 한 자락
잊혀진 숨결 하나 찾을 수 있는

꿈처럼 하얀 집
아델라에 가자

※ 카페 아델라 : 전남 순천에서 여수로 향하는 도로변에 위치한 카페로 10월경 낙조가 특히 아름다운 곳

염원

가득한 염원
이 마음 하늘에
이르게 하소서

빛없는 어둔 밤길에서도
수만 촉광의 환함을
내려주소서

대양을 향해
맑게 흐르는 강물처럼
항상 깨끗함과
함께 살게 하소서

티끌 하나 없는
푸른 가을 하늘처럼
곱고 고운 마음으로
살게 하소서

오늘 하루도
이루지 못한 일들 없이
후회 없는 하루가 되게 하소서

이 모든 것들이
모든 이들에게 이루어지도록
힘과 사랑을
주소서

바람

살랑살랑
나뭇가지를
깨우며

세상을 넘나드는
저 -
시원스런 자유

푸르른 벌판
거친 길
마다 않고

무언가를 향한
허기진 욕망

쏜살같이 달려오는
꿈 많은 나그네

팔 벌린 느티나무가
연주하는
자연의 숨결

간절함을 싣고
떨려오는 마음
그 이름

바람
바람
바람

사월

겨우내
아무것도 하지 않고
놀기만 하던 땅이

지붕을 열어
새 생명을
밀어 올리는
사월

지천으로 번지는
꽃불을 보라

거세게
타오르는 불길
봄을 알리는
뜨거운 메아리를

아 분명 이것은
탈주하는 겨울의 억눌림이다

용솟음치는
사월의 들판에서

뜨거워지는
이 가슴

겨울산

찬바람에
온몸을 맡기고

하얀 풍경으로
서 있나니

실직당한
노동자처럼
고뇌에 찬 모습
그곳에 서 있나니

이른 봄
다시 태엽을 감아

오월
풍성한 녹음을
피우기 위해

묵묵한
상념으로

하얗게
그곳을 지키고 있나니

단풍

초록이 지쳤는가

오색이 만연하다

선혈이 낭자한 산하

아
이 붉은
아름다움

새로운 시작이다

새로운 내일이다

아름다운 미래이다

꽃잎

호젓한 산길에
흩어지는
하얀 종소리

길섶에
뒹구는
하아얀 넋

겨울
매서운 바람에
날리던
함박눈처럼

꽃잎이 진다
넋이 진다

꽃잎이 진다
봄이 진다

강물처럼

가신님 못 잊어
강변에는
밤새 두견이 울고

조약돌만 남기고
남으로 남으로

거침없이 달려가는
물줄기

보라
야망 가득한
정렬의 저 물줄기를
강열한 흐름을

가슴에
차고 넘치는
저 우렁참

드넓은 대양을
향하여

가슴에 표류하는
욕망을 담아

태평양으로
달려가는
저 커다란 꿈을

외로움에 대하여

나이를 먹어가며
울컥울컥 달려오는 것 하나

아 이건
외로움이다

결핍을 모르던
젊은 시절 외로움보다

흰머리 도드라지는
지금의 외로움은
더욱 무겁고 야멸차다

무심히 걷던
들길에서 만났던
화려한 꽃의 유혹도

해맑게 웃는
어린아이의
함박웃음도
외로움을 잊기엔 턱없어

속절없이 지나쳐버린
과거의 기억 앞에
허기를 더하는 욕망

버리지 못하는
그 무엇으로

오늘도 힘겨워하는가

아
이건 분명 외로움이다.

별밤

서늘한
바람 따라
밤길 위에 서면

고요한
밤하늘에
둘러앉은 별무리

하늘에서
쏟아지는 눈부신
고요

수억 광년
먼 어둠의 거리에서
나누는 희망

내리어라
별빛아

신 새벽
여명을 몰아오는
아침이 올 때까지

내리어라
별빛아

찬란한 침묵으로

다시 시 쓰기

아직
자라지 못한 마음 하나

묻혀버린 공동묘지처럼
수북하게 쌓인
아픔의 편린들

게으른 감성에
마비된 시심

나를 열광시킬
새로운 세포를
찾아

출발선에 다시 서자

발효되고
숙성된 맑은
언어를 찾아

새로이 출발선에
서자

이슬

검은 꽃
세상 안아

끝닿은 곳에
밤을 잊은 작은 별
흔들리며 졸고

새도록 피고 진
꿈길에서
짧은 만남은

오래도록 하늘 향해
그리움의 다리 놓아

하얀 들꽃 이파리에
영롱한 눈망울
깜박이더니

마침내 열리는
아침 햇살에
스러지는 내 꿈이야

백담계곡에서

바람 함께
산새 소리
아지랑이처럼
계곡에 흩어진다

수심교 난간에
세속의 아픔 걸쳐두고
정성스레 돌탑을 쌓는 사람들

얼굴 가득 객진 번뇌
파아란 백담에 담긴
고뇌의 그림자

오늘도
중생들의 간절함은
욕망으로 서서
저 무수한 돌탑으로
환생하였나니

깊은 계곡
하얀 욕망으로
탑이 되어
함초롬히 서 있나니

하얀 계곡
하얀 꿈
백담의 간절함이여

눈물

이보다도 위대한
이보다도 영원한 것은 없다

영혼을
씻어 내리는

가슴 깊은 곳
심장에서 울리는
슬픈 음악의 선율

이보다도 아름다운 것은 없다

삶의 언저리에서
뜨겁게 분출하는
가슴 벅찬 온천수

이보다도
아름다운 것은 없다

끝없이 솟구치는
벅차오름

알 수 없는 깊은 곳
숨겨진 우물에서 솟구치는
아름다운 화해

이보다도 위대한
이보다도 영원한 것은 없다

친구

그대 이름은 친구

손 마주 잡지 않아도
따뜻한 온기
마음으로 느낄 수 있는
그대 이름은 친구

얼굴 마주하지 않아도
생각만으로 즐거운
그 이름

오래도록
만나지 않았어도

십수 년 세월이
강물처럼 흘러갔어도

손에 손잡고
눈물의 악수를
나눌 수 있는
그 이름 친구

머언 산자락
뭉게구름 피어나듯
알 수 없는 그리움
분수처럼 솟아오르는

그대 이름은 친구
친구

별을 보며

저문 하루
하늘 끝에
찬란하게 빛나는
별들을 보라

차마 그들을
남기고 잠을 청하기엔
너무 아까운

저
아름다운 무리들을

보라
하늘을 흐르는
은하의 물길

고요한
하늘의 작은 울림을

보라
오늘 밤에도
먼 하늘 끝에서
밤을 지키며

아픔의 나이테를 세고 있는
저 숭고한
넋들을

시월에

시리도록 푸른 하늘에
물감처럼 번지는 하얀 구름
경건하게 여물어가는 시월

풍상의 시간을 견디고
상기된 얼굴로 마주한
오늘 가을 어느 날

바람에 익어가는
구절초 향을 가득 담아
누군가의 고향으로 향하는
마음 기차를 타고

메마른 가슴에
사랑을 꽁꽁 눌러
가득가득 채우며
철 지난 바닷가로
일상탈출의 여행을
떠나고 싶은 시월

햇살 가득한
가을의 뜨락에서
뜨거운 가슴으로
한 올 한 올 행복을
뜨개질하는

아름다운 시월

슬픈 그림

벽에 걸린
거울에
그림 한점

얼굴 가득
패인 주름
검은 검버섯

머리 위에
내려앉은
하얀 서릿발

거울 너머
힘없이 흔드는
노쇠한 손짓

아
거울에 비치는
어지러운 모습

세월이 그려놓은
슬픈 그림

3

순천만 가는 길

그렇게 떠나리

파아란 하늘
뭉게구름 떠가듯
나 그렇게 떠나려오

비 오면
작은 우산 하나
받쳐들고

소리 없이
그렇게 떠나려오

밤엔 별 보고
낮엔 구름 보며

그렇게
떠나려오

순천만의 밤

풀벌레 소리
가득한 밤

닻을 내린 목선에
종소리가
내리면

안개 드리워진
너른 갯벌에
숨어드는 외로움

친구처럼
무르익은 어둠이
손을 잡는다

고요한 갯벌에
까치발 칠게가
풍성한 밤을 홀로
즐길 때

어둠을 훔치는
갯바람
포구를 질주한다

마음 둘 곳 없는
외로운 난
전화기를 열어
낯익은 목소리를 찾는다

무진교에서

꽁꽁
동여맨 안개
무진을 적시더니

한 낮 햇살에
무진이 눈을 뜬다

멀리 갯벌 위에
발을 딛고선 철새

묵묵히 서서
바람맞으며
춤추는 갈대

황금 햇살 머금은
용산마루

갯벌을 더듬는
칠게의 몸짓

무진교에는
바쁜 하루가 있다

바쁜 삶이 있다

행복이 있다

뻘배와 어머니

노을 물든
바다를 달리는
파도처럼

상기된 갯벌에
미끄러지는
어머니의 마음

가득 담긴
소망 한 광주리

얼음을 지치듯
거침없이 내 닫는
어머니의 꿈

고단함도 기쁨도
갯벌을 질주하는
어머니의 소망

아픔마저 발효되어
석양 물든 갯벌에 숙성된
어머니의 세월

어머니 나라에
뻘배가 미끄러진다

어머니의 삶이
미끄러진다

어머니의 인생이
미끄러진다

순천만 노을

순천만에 서서
서녘으로 기우는
노을을 봅니다

하루가 지나간
개펄 위에
기다란 노을이 발을
딛고 서 있습니다

붉게 물든 노을이
지친 철새의 날개를
보듬어 줍니다

해지는 줄 모르고
바쁘기만 한
어머니의 꽉 잡은
호미 위로
쏟아지는 석양

힘겨웁게 하루를 버티어온
푸르른 하늘이
토해내는 붉은 한숨

노을
노을
노을

순천만에서

아아
날이 저문다

고요한
순천만 갯벌 위에
노을이 진다

황금빛 갯벌에
내려앉은 하늘

거차 포구
긴 방파제에도
쇠리의 작은 주막집에도
노을이 앉았다

아아
춤을 춘다
분홍빛 노을이
갈대와 함께 춤을 춘다

철새의
외로운 날개에
출렁이는 황금물결

아
춤을 춘다
순천만이 춤을 춘다

순천만으로 가라

아지랑이 발길 따라
봄바람에 가슴 일렁이거든

생명이 움트는
순천만으로 가라

파아란 갈대 기지개 켜고
때늦은 철새가
못다 한 사랑에 눈물 뿌리는
순천만으로 가라

잠 깨어 일어나는 짱뚱어
칠게의 바쁜 걸음걸음마다
세상의 아픈 기억
속절없이 무너지는
순천만으로 가라

뻘배를 미는 아낙의
젖은 노랫가락에
아린 네 삶의 흔적
도드라질 때면

상처를 닦아낼
손수건 하나 챙겨 들고
순천만으로 가라

순천만 그리고

밤을 다하여
머나먼 길 달려온 까닭은 무엇인가

온몸 다하여
멀고 먼 반도의 끝
이곳까지 찾아온
까닭은 무엇인가

보라
저 잿빛 광활한 갯벌
금빛 물든 석양
창공을 나는 철새를

보라
무수한 갈대와 가슴 맞대고
옹기종기 모여 앉아
정을 나누는 생명들을

아침이면 눈부신 태양 떠오르고
저녁이면 황금빛 하루가 익는 곳

어깨동무한 산들
갯벌을 밟고 선 갈대

어여뻐라 황금빛 갯벌
아름다워라 장엄한 평화
아 순천만

삼월에게

삼월
당신의 따스한 손으로
혹독한 겨울을 보내고
아름다운 봄을 오게 하라

지난날 다하지 못한
근심의 계절을
따사로운 봄볕으로
다시 태어나게 하라

더딘 발길 재촉하여
뜨거운 입김으로
파릇한 새싹을 돋게 하라

삼월
당신의 따스한 손으로
두툼한 외투 벗어던지고
가뿐한 마음으로 살게 하라

새롭게
돋아나는 새싹처럼
파릇한 새로움으로 살게 하라

삼월
당신의 따스한 손으로
새로운 날들을 살게 하라

길에 대하여

세상에 길은 없다
가고 또 가면 길이다

뜨거운 가슴으로
걷고 또 걸으면
곧 길이 되리니

길이 없다 망설이지 말자
길이 없다 돌아서지 말자

세상에 길은 없다
가고 또 가면 길이다

올곧은 마음으로
쉼 없이 가다 보면
그것이 곧 길이니
길이 없다 슬퍼하지 말자
길 아니라고 후회하지 말자

세상에 길은 없다
하루하루 착하게
살아가는 우리 삶이
온통 길 이리니

인생

비 오면 비 맞고
바람 불면 바람맞으며
한달음에 달려왔습니다

힘겨움에
가슴이 아파오고
아픈 몸 이끌며
그렇게 달려왔습니다

아침저녁
손에 쥐어지는 알약의 개수가
늘어만 갑니다

그저 앞만 보고
살았습니다

멈추어 돌아보았습니다
인생이었습니다
행복이었습니다

안개

망연히 흐르는 생각 사이로
시작도 끝도 없는
적막이 누워있습니다

침묵의 밤바다
갈증에 젖어
작아진 심장을 만지며
내 마음의 텃밭에 붐비는 정적

하얀 가슴
아쉬움의 그림자로 남았습니다

바람마저 잠자는
이슬 맺힌 풀섶
창백한 모습
그리움이 되었습니다

갑사치마
과거의 여인처럼
가슴 조여 울먹이다
광야를 떠나버린
아름다운 이별입니다

미련

버려야 할까
아니 잊어야 할까

천리 길 달려
더 이상 갈 수 없는
낭떠러지

영광의 날을 추억하는
슬픈 나그네의 고뇌를
어이하랴

이미 떠나버린
마지막 버스를
기다리기에는 아직 멀다

꽃을 버려야
열매를 맺고
강을 버려야
바다에 이른다는
가르침

워낭 소리마냥
깊은 가슴에 맴도는데

버려야 할까
아니 잊어야 할까

가을 소리

파아란 하늘에
솜털 고운 뭉게구름

꽃 진 자리엔
한 아름 풍요

살가운 시월의 바람
시리도록 부신
억새의 손사래

산모퉁이
피고 지는 은은한
구절초 향

낙엽처럼 오가던
지난 인연

취한 듯 목메인
풀벌레의 절규

가을의 소리

아
가을이 오는 소리

달 이고픈 나

나는
달이어라

홀로 깊은 밤
찬바람 맞아
얼룩진 상처

나는
달이어라

가없는
연민
한으로 쌓여
닳아 헤진 작은달

어둠에 잠겨
한줄기 빛으로
잊히지 않을
초승달 되어

빛도 없는
소슬한 대지
몸부림치는 창백한 얼굴

나는 달이어라

그림자

아무도 나를
따르는 이가
없다고

아무도 나를
사랑하지 않는다고

굳게 믿고 살았는데

어느 환한 봄날
나를 따라
함께 땅 위를 걷는
친구가 생겼다

낯설지 않은
익숙한 모습

내가 웃으면 함께 웃고
내가 울면 함께 우는
진정한 친구

햇빛 쨍쨍한 날
유독 나를 따르는 친구
변치 않을 동반자

그림자
그림자

노을

빨갛게 익어가는 노을을
하루의 끝이라 하지 말자

그것은
지친 눈에 비친
남루한 삶의 흔적

신열 같은 땡볕 속에서
종소리처럼 번지는 붉은 울음
황혼이 오는 저자거리를

애타게 방황하던
우리네 그림자

이슬 내리는 아침부터
황혼 지는 저녁까지
빼곡한 여정
시간의 파편을 더듬어

쉼 없이 자라는
미련 안주삼아
소망의 잔을 높이 들자

술잔 가득 고인 노을
내일 위한 간절한
기원(祈願)의 봉화(烽火)리니

남은 힘 다하여
다시 일어날
찬란한 희망의 등불이기를

4
잠자리처럼

잠자리처럼

바람 자는 어느 날 밤
천상을 떠난 별빛 한줄기

사각이는 잎새에
한 점 이슬을 만들어

세상을 모르던 앳된 얼굴에
인연이라는 슬픈 면류관을
씌워 주었다

이른 아침
풀섶을 헤치며
젖은 날개를 흔들어
창공을 날아오르는 잠자리를 보라

차라리
이 한몸 흔들어
세상의 무게를 털어 낼 수만 있다면

멍들어 버린 마음 흔들어
슬픈 인연의 조각들을
날려 버릴 수만 있다면

이토록 눈부신 신생의 아침
햇살에 아른거리는
잠자리 날개 마냥

내 영혼 저토록
한없이 가벼우련만

아모르파티

첫
출근하던
그날

구두끈을 묶으며
했던 다짐

그러나
좌절과 기다림
삼십 년

운명처럼
뜨거웠던
가슴

술잔에
넘쳐나던 젊음

동서남북
새로운 꽃길
향한 다짐

운명을
사랑하라

아모르파티

오 나의 길
아모르파티

※ 아모르 파티(Amor Fati)
"자신의 운명을 사랑하라"라는 뜻의 라틴어

베니스의 꿈

물을 딛고선
화려한 *베니스여

고색창연한
너의 얼굴엔
아직도 옛날처럼
찬란한 영화가
일렁이누나

곤돌라의 노를 젓는
앳된 청년의
할아버지의 할아버지가 살았던
그 골목을 돌아

찰랑이는 물결 위로
청년의 구슬픈 노래 소리
오늘도 절절 한데

탄식의 다리
난간에 부딪는
무수한 한숨소리
산마르코 광장에
가득한 젊음들이여

아득한
옛날의 영화를
아는가 모르는가

※ 베니스 : 이탈리아에 있는 바다 위에 도시

둥지

길 떠나
타향만리
울먹이며 떠도는
철새마냥
둥지가 그립다

엄마 곁을 떠나
푸짐한 먹거리
앞에 두고서도
슬픈 두 눈 깜빡이는
어린 사슴마냥
둥지가 그립다

지친 마음
쉬어갈
둥지가 그립다

찬바람 휑한 오늘
사무치게 그립다
그 둥지가

조약돌

멍든 가슴
홀로 쓰다듬다

상처 씻으며
수억겁 울더니

마침내
모진 풍파 이겨낸
저 - 의연함

해탈 이루어
파르란 머리

고운 알몸
강변에 앉았다

간이역에서

흐릿한 뒷모습
그대 떠난
플랫폼

힘겨웁게
딛고 선
야윈 개망초

세찬 바람
비에 씻기운
녹슨 기찻길

안개처럼
홀연히 떠난
님 그림자
이렇게 아득한데

허공에 매 달린
목메인
기적 소리

가슴을
두드리는 애달픈
여운

아직도 난
떠난 님
그리워

한 아름 이별 꽃
간이역에
서 있나니

은하수를 보며

푸른 밤
적막한 하늘에
흐르는 고요

수만 밤을 달려
멀고 먼 나라
이 땅에

눈부신 밤을
이룩하였나니

고요의 강나루에
부서지는
하얀 포말

아
아름다운 밤
아름다운 별무리

아
푸른 저 침묵
은하의 강

오늘밤
저 푸른 강물 위에
징검다리 하나 놓아

나누지 못한
이야기나 실컷
나누었으면

아직

친구야
아름다운 봄날이 간다고
슬퍼하지 말자

어차피 인생은
꽃 피고 꽃 지는
광대한 우주의
찰나일 뿐

봄날이 간다고
슬퍼하지 말자

어차피 인생은
화려하고 현란한
장미의 궁전이 아니라
뿌리 없이 물 위에 떠 있는
부평초

봄날이 간다고
슬퍼하지 말자

아득히 먼 저 하늘에
아직도 찬란한
무지개 하나쯤 걸려 있으니

봄날이 간다고
슬퍼하지 말자

외로움

어둠 내린 거리를
달려가는 바람소리 따라
세월에 구겨진 낯선 사내가
거울 앞에 서있다

언제나 마주했던 일상이지만
오늘따라 낯설고
익숙하지 않음은 왜 일까

나도 모르게
무심코 전화기를 열어
낯익은 목소리를 찾는다

천리 먼 곳으로부터
전화기를 타고
낯익은 음성이
가슴에 내려와 앉는다

몇 마디 위로되지 않은 언어가
동심원을 그리며
조용한 가슴에
파문을 남긴다

난공불락의 요새처럼
허물어지지 않은
이 외로움

속절없이 번지는
감당할 수 없는 파문

아 이 외로움

선암사 흙 길

유월
선암사 흙길은

속진 세상
번뇌를 씻어내는
비움의 길

무성한 나뭇잎 사이로
쏟아지는 여문 유월의 햇살

포말을 그리며 달려가는
청아한 계곡의 울림

무성한 길섶에 사각이는
촉촉한 바람

안개처럼
산허리를 감아 도는
그윽한 향 내음

유월
선암사 흙길에서

겸손한 마음으로
일상의 집착과
남루한 삶을
나는 꺾어버렸다.

유월
선암사 흙길은
무념무상 배움의 길

아쉬움

비 내리는
밤

수줍은
복사꽃도 떠난
아무도 없는
고요

밤을 뒤척이는
개울물 소리

아스라이 흩어지는
개구리의 흐느낌

찔레꽃
하얀 꽃잎을 적시는
소리 없는 아우성

비 내리는 밤은
그리움의 밤

속살거리는 밤비에
흠뻑 젖은 이 마음

봄을 잃고
나는 운다

귀뚜라미에게

쉼 없이 부르는
너의 노래는

가을을 부르는
마술의 음성

파아란 하늘
천상에서 흐르는
여문 가을 햇살도

지상에 내려앉은
결실의 은총도

익어가는 곡식으로
마련한
이- 아침의 성찬도

우리를 대신해
뜬눈으로 밤을 새운
그대들의 공덕

쉼 없이 부르는
그대들의 노래는

세상을 바꾸는
기적의 울림

가을

푸르름에 지친
여름이
수명을 다한 지금

파란 하늘이
동구 밖
개울 위에 누워있다.

무르익는 가을

산하는 불타고
바람에 일렁이는
황금들판

강변의 하얀 억새는
취한 듯
몸을 떨고

지상에서 펼쳐지는
황홀한
이 천상의 울림에

빨래 줄에 기대어
풍요로운 오늘을 즐기는
고추잠자리

겨운 행복에
가을이 가고 있는 줄도 잊었다.

가을은

가을은
사랑하기 좋은 날

지치도록 눈부신
푸른 하늘
황홀한 오늘

우리 함께
뜨거운 포옹을 나누자

지천으로 핀
한 떨기 들국화 꽃잎이
바래기 전에

홀로 외로운
고추잠자리 날개에
가을의 상처가
깊어지기 전에

우리
아낌없이 사랑하자

가을은
사랑하기 좋은 날

오래된 기와집
처마 끝에 걸린
파란 하늘 다하기 전에

시리도록 눈부신 오늘
아름다운 가을을 나누자

겨울을 기다리며

문풍지를
어루만지며
달려오는 세찬 바람

몸살을 앓고 떠는
마지막 잎 새

마음보다 빨리
달려온 겨울은
가을을 배웅할
여유도 없이

하늘 끝에 기대고 선
작은 별을
깨우고 있다.

어서 오라
차가운 북풍아
어서 오라
눈 나리는 계절아

사나운 네가 가야
다시 꽃피고 새우는
찬란한 봄날이 오리니

어서 오라
겨울아

눈 내리는 날

아득히 먼
창공을 따라
솜털처럼 하얀
눈이 내린다

소복하게 내리는
하늘의 손님

경계를 허무는
하얀 발걸음

이 땅에
평화와 평등이
쌓인다

산도 들도
모두가 하나다

부족함도
넘쳐남도 없는

이 하얀 세상
아름다운 오늘

눈 내리는 날
오늘은
아름다운 날

파랑새

온종일
너를 찾아

몇 날 며칠
너를 찾아

돌고
또 돌았지만
그 어디에도
너의 모습은
없어

지친 몸
돌아와
몸 누이니

그제야
덩그러니
내 옆에 앉아 있는

너
너
너

골목길에서

나지막한
산허리 돌아
맞닿은 좁은 길 끝에

신기루 같은
한 자락 그리움
나를 향해 달려온다

버선발로 맞아주던
할머니의 모습

온기마저 식어버린
그 길섶에
나란히 선 장독
허물어진 돌담

새소리 바람소리만
지나는
옛 돌담길엔

아직도
백발의 할머니가
그곳에 버선발로 서있다

나를 기다리며

작품해설

시의 숲에서 영혼을 모종하는 시 농부를 만나 길을 묻다

— 김광현 시인의 시집 『순천만 그리고…』에 붙여

이충재(시인, 문학평론가)

1. 시인을 생각하며

나이 들면서 신중함이 점점 더 늘어나는 이유는 무엇 때문일까? 이 신중함이란 범위 안에는 사람과의 관계가 가장 큰 범위를 차지한다는 의미에서 나온 것이고, 사람의 마음을 가장 잘 파악하고 이해해야만 그의 삶을 관통하는 행복과 불행이 결정되어진다고 해도 과언이 아닐 만큼 사람들로 인한 상처가 많은 것이 사실이다. 그렇다면 사람 마음을 가장 잘 이해하고, 그 받은 상처를 치유하는 비결로서의 학문, 인문학적 장르를 총망라해서 들라면 단연코 시(詩)를 들겠다.

21세기 우주로 그 육중한 첨단 기구를 쏘아 올린다고 난

리법석을 부리는 때에도 여전히 사람들은 정신적(마음)인 병을 혹독하게 앓아야만 하니, 이를 두고 이율배반적인 현상이라고 말해도 무방하겠다. 아니면 인간의 가치를 상실한 허수아비들의 춤사위라고 해야 할 것인가? 이를 두고 벌어지는 의식과 무의식의 갈등이 심화(深化)되는 시대에 우리 모두는 가슴앓이를 톡톡히 하고 있는 셈이다.

이 문명화된 시대에 가장 고독한 삶을 살 수밖에 없는 인간적 대상을 일컬어 '중년'이라고 아니할 수 없다. 그리고 그 중년기에 영혼의 갈증을 경험하면서 지적 노동에 몰입하고 있는 시인들을 보노라면 그리움 저편에서 손짓하는 붕우(朋友)를 만난 듯 반갑다. 땀과 피로 얼룩진 얼굴을 한 거룩한 망명자의 귀환을 경험하는 듯한 느낌을 받는다. 그 여정에서 김광현 시인 그 한 시인을 만나게 되어 여간 행복한 일이 아니다.

처음으로 김광현 시인을 만났을 때의 기억이 삼삼하다. 서로 대면한 경험이 없는 관계로 모 약속 장소만을 정해 놓고 이동 중 층을 가로지르는 에스컬레이터 그 바로 뒤를 따라 오르면서 아마도 내가 만나게 될 시인이 몇 계단 앞에 서서 오르고 있는 저 사내이지 않을까? 의구심을 품게 되었다. 그 에스컬레이터 끝자락에 이르러 전화로 도착 여부를 알림과 동시에 그 사내가 바로 김광현 시인이라는 것을 알게 되었다. 여기서 시의 특징을 하나 기억하고 지나갈까 한다.

시는 순수를 기반으로 한 장르이기에 시를 진실된 마음으로 사랑하고 대하는 이들은 모두가 한결같이 영혼이 맑다. 그렇게 첫 만남이 이루어진 셈이다. 너무나도 많은 사람들의 영혼이 혼탁해 있기에 만남과 대화가 거래 선상에서 이루어지는 것 같아 슬프고 가슴 아픈 마음이 일기 마련이고 오래지 않아 그 만남은 절단나고 말 때가 한두 번이 아니다. 더군다나 모진 상처를 안고 만신창이가 되어 결별을 선언하고 마는 것이 마치 천민자본주의에 깊게 물든 시대가 앓는 현상으로서의 그 중심에서 우리는 뒤뚱거리면서 동시에 중심을 잃거나 인간성까지 상실하고들 살아가고 있다. 그래서일까 순수하고도 아름다운 영혼을 지닌 시인들을 만나면 발가벗고 멱감는 어린 시절로 돌아가 속마음을 다 열어 보이고 싶은 욕망이 일기도 하는 것이다.

오규원 선생은 시의 중요성을 언급하면서 다음과 같이 그 현상을 강조하고 있다. "의식적이든 무의식적이든 한 편의 작품 속에는 작가가 의도한 의미가 있다. 그러나 그 의도가 훌륭하다고 해서 반드시 좋은 작품이 된다는 보장은 없다. 의도는 어디까지나 계획의 차원이고 작품은 실제의 차원이기 때문이다." 필자는 여기서 한 가지 중요한 것을 더 접목시켜 보려고 한다. 시인이 의도하고 창작했던지, 그렇지 않았던지, 그가 평생 품고 살아오는 사관이 그 작품의 진정성을 결정짓는다는 것이다. 그런데 많은 시인들이 그와 같은 바탕을 시 창작의 기초로 삼지 않고 외연적 명분에 취해 시를 쏟아내거나, 천민자본주의 결과물인 물질 축적이나 명예 따위의 불온 적 대상물에 마음을 빼앗긴 채 시를 대하기 때문에 그 시가 감동을 주지 못하는 것이다. 이러한 현상을 목격할 때, 김광현 시인의 순수성이 빚어내는 위의 작품들은 충분히 정화(精華)의 능력과 생명력을 품고 독자들의 영혼 중심을 가로지를 준비가 되어 있어서 몹시 흥분되고 기쁘다.

송수권 시인은 그의 시 창작 실기론에서 다음과 같이 이 사실에 대해서 명백하게 밝히고 있다. "문제 시는 혀가 빨라지고 좋은 시는 그 혀를 독자에게 보여주지 않는다. 기교와 멋을 부리는 시는 좋지 않다. 고도의 은유와 상징은 독자를 확보하기 힘들다. 일상의 구문을 비틀고 구부리는 개론서 같은 시는 문제 시는 될지언정 명시 반열에 오를 수는 없다. 대중성이나 상업성 광고언어나 유통 언어에 물든 시는 저널리즘의 시다. 시는 삶과 죽음의 테마 연구다. 따라서

직접적인 생체험의 가락을 몰아치지 않고는 좋은 시가 될 수 없다. 시의 운명은 결국 노래일 수밖에 없으며 포퓰리즘(대중)의 공유재산이 아니라 고독한 자의 사유재산이다."

김광현 시인을 생각하고, 그의 시적 결과물들을 감상하노라면 단연코 위의 두 시인이 말하고 있는 시적 체험의 공통분모를 모두 지니고 있는 시인으로서의 행보를 잘하고 있는 시인이라고 보여진다.

그 시적 철학과 사유의 순수성이 빚은 질항아리 같은 시의 세계를 경험하기 전 김광현 시인의 고백적 대담과 작품을 이해하기 위해서 장 폴 사르트르와의 말 걸기를 시도해 보고자 한다. 그 이유는 김광현 시인이야말로 장 폴 사르트르의 문학관과 일맥상통하는 시 정신의 면면이 많이 엿 보이기 때문이다.

"시는 산문의 폐허 위에 떠 오른다. 말이 배반이고 전달 불가능한 것이 사실이라면 그때에 하나하나의 말은 스스로 그 개별성을 회복하고 우리의 패배의 도구가 되고, 전달 불가능한 것의 은닉자가 된다. 그것은 전달할 다른 것이 있기 때문이 아니라, 산문의 전달이 실패함으로 순수한 전달이 불가능한 것이 되는 말의 의미 그것이다. 이처럼 전달의 좌절인 전달 불가능한 것의 시사가 된다. 그리고 말을 이용하는 계획이 실패하면 말의 무관심한 순수 직관이 뒤를 잇는다. 그래서 우리는 앞서 시도한 모사에 다시 부딪친다. 그러나 이것은 좌절의 절대적인 가치 인상의 더 한 층 일반적인 전망 속에서 극히 명확한 하나의 기능을 시인에게 부여한다는 것 또한 주목할 만하다."

이 말을 기억하면서 김광현 시인의 시 세계로의 여행을 떠나보려고 한다. 가슴 훈훈한 시의 물결을 경험하면서 우리는 많이 행복해하리라.

2. 시의 여로에서 만난 참된 행복

21세기의 천민자본주의가 빚어내는 지독한 인간 숲에서 시와 시인들이 할 수 있는 일 중 가장 중요한 한 가지를 들라면 단연코 '위로', '공감', '소통', '자기 고백의 중요성' 등을 들 수 있겠다.

셰퍼드 코미나스는 그의 저서 『나를 위로하는 글쓰기』에서 단순 글쓰기의 필요성으로서의 "위로가 필요한 시간, 자기만의 이야기를 써라. 다른 사람에게서 받는 잠깐만의 위로보다 스스로 치유되는 기적을 만날 수 있다. 자기 자신에게 관심을 갖고 스스로의 감정과 정면으로 마주할 수 있는 가장 기본적인 방법은 글쓰기다. 글쓰기는 무너진 마음을 회복시키고 앞으로 나아가기 위한 힘과 용기를 준다" 그러나 여기서 우리가 발견하지 못하는 엑기스로서의 '감정 노출' '자기희생적 경험을 드러내는 용기'의 부재가 바로 그것이다. 그런데 김광현 시인의 작품에서는 이 모든 부재가 다시 부활하여 독자들의 심금을 자맥질하는 결과물이 되고 있음을 입증시키는 시적 가치와 의미가 모두 드러나 있어서 시의 치유력을 더하고 있다. 그 진정성과 순수성을 따라가 보기로 하자.

나이는 손꼽아 무얼 해

저토록 탐스런
오월의 장미가
세상 향해 손을 흔드는데

청명한 오월의 하늘을 보라

파아란 하늘에
아카시아 꽃등이
대지를 환하게 밝히고

살결처럼 보드라운 신록이

사랑을 노래하며

살랑이는 오월의 바람이
내 푸른 가슴에 입 맞추는데

나이는 세어서 무얼 해

이토록 아름다운 날

–<아름다운 날>의 전문

위의 시를 보면서 헨리 데이비드 소로우와 랄프 왈도 에머슨이 노래한 '사람과 자연', '삶'과 '죽음'에 대해서 생각이 났다. 위의 두 사람은 21세기의 속물로서의 인간들이 추구하다가 시대의 거품만을 양산해 내거나 썰물과 밀물에 쓸려 사라지는 허무가 아닌 초월적인 삶을 살다가 간 사유의 거장, 철학적 사유의 순례자라고도 호명할 수 있는 삶을 살았다는 점에서 우리의 관심이 집중되는 인물들이다. 그런데 위의 시에서 김광현 시인의 시적 고백에서 이와 유사한 초(포)월적 이미지를 발견할 수 있어서 좋다. 요즘 사람들은 '죽음이 삶에게', '삶이 죽음에게'에 말 걸기 하는 그 발설의 수위를 가늠하지 못하고 무작정 쫓기는 삶을 살아가는데 급급해하고 있다는데, 김광현 시인은 그 모든 편린들을 뒤로하고, 자기 초월적 삶을 시적 고백에 담아 형이상학적 삶으로 독자 그들을 인도하고 있는 이정표적 삶을 살고 있는 의지를 충분히 보여주고 있다. 시인의 자서에서 밝힌 바 '이제 이순의 나이를 지나 새로운 출발점에 서 있다'가 바로 그 의지가 빚어낸 인생의 청사진인 것이다. 백세인생 운운한들 무엇이 중요하겠는가? 방법론적인 삶의 지향이 절실한 요즘 형이하학적 숫자적 개념에 눈먼 이들을 부끄럽게 하는 시인의 순수성, 진정성이 느껴져서 좋다. 위의 시와 맥을 같이하는 사상적 결실로서의 작품들을 보면 다음과 같다. 「세월의 끈을 묶고」, 「이제는」, 「빈터」, 「달빛」, 「이 밤에」, 「호수가 보이는 찻집에서」, 「사월」 등이 그 예다.

하늘 끝에 피어난
한 송이 봄꽃은

잔인한 사월
황무지의 축복

환하게 웃는
생명의 용트림

가슴에 요동치는
봄의 떨림에도

세상을 보지 못하는
허름해진 중년의
발걸음이야

-<중년의 사월> 1~5연

위의 시를 보면서 중년의 중요성이 얼마나 귀한지에 대해서 귀 기울이게 된다. "중년의 위기"(짐 콘웨이),"중년의 전략"(로이드 리브),"중년의 수업"(가와기타 요시노리) 그리고 그 주변부 적인 현상들로서의 "잃어버린 인간성"(알랭 핀킬 크라우트), "인간소외"(에리히 프롬) 등과 같은 논제를 다룬 저자들의 사유적 결과물이 그리운 것이다. 김광현 시인은 위의 시를 중심으로 한 또 다른 시(「길 떠나는 친구에게」,「카페 아델라」,「염원」,「외로움에 대하여」,「친구」,「인생」,「아모르파티」,「아직」,「외로움」,「꽃잎」 등)들을 볼 때, 시인의 가슴속에 켜켜이 쌓인 삶, 인생, 나이, 건강, 관계성, 꿈, 자족, 상대적 비교 선상으로부터의 탈출 등에 관한 자의적 질문과 현실 그 중심에서 절대 고독의 경지를 경험하면서 어찌할 줄 모르는 자신의 내면의 세계 속에 숨어 자고 일어나는 먼 옛날 자아와의 은밀한 대화 속에서 눈물 흘리고 가슴 아파하는 순간의 연속 현상 가운데서 떠 올린 이미지를 독자들과 공유하고 싶어 하는 심사가 다분히 노출되고 있다. 그런 작품들을 감상하면서 얼마 전 세상을 등진 필자의 친구가 떠 올라 잠시 글을 멈추어야만 했다. 김광현 시인의 많은 작품들을 감상하면서 중년을 어떻게 살아내야 할 것인가를 한마디로 말하면 가와기타 요시노리와 닮아 있다고 할 수 있다. "중년 이후, 그때야말로 남 눈치 볼 것 없이 그저 '자신이 주인공'이 되는 시기다. 지금껏 당신에게 그런 시기는 없었을 것이다. 이제 곧 누구의 간섭도 없이 마음이 시키는 대로, 오랫동안 내면에서 잠자고 있던 나만의 재미를 위해 시간을 보낼 수 있다." 큰 위로가 되었으면 한다.

찬바람에
온몸을 맡기고

하얀 풍경으로
서 있나니

실직당한
노동자처럼
고뇌에 찬 모습
그곳에 서 있나니

이른 봄
다시 태엽을 감아

오월
풍성한 녹음을
피우기 위해

-<겨울산>1~4연

김광현 시인의 이 시집 속의 작품들을 보면서 한 사람의 철학적인 사유("타인은 나에게 어떤 의미가 있는가? 레비나스는 타자와의 관계를 '얼굴의 현현'을 통해 접근한다. 얼굴의 현현은 일상적으로 만나는 사물과는 전혀 다른 새로운 차원, 즉 참된 인간성의 차원을 열어준다")에 천착하는 느낌을 지울 수가 없다. 그만큼 시인은 시를 통해서 자신의 외로움을 잠겨 두지 않고 과감하게 발설하고 동시에 고단한 일상을 더 이상 숨겨 두지 않는다. 그러므로 시인이 고뇌하는 분량만큼, 시인이 타인을 위로하고 그리워하고, 사랑하는 비결을 습득하게 되고, 그 모든 소산물을 향한 대화들의 시도를 통해서 시인 자신의 삶을 대하는 그 깊이가 더 깊게 느껴짐을 확인할 수 있다. 그래서 시인의 시상(詩想) 뿐만 아니라 시인의 지금까지의 삶의 편린들에 관심이 집중됨과 동시에 시인의 삶 그 지나온 길에 존경심까지 일게 된다. 그만큼 김광현 시인의 삶은 타자, 곧 시원(始元)의 수많은 그리움 그 중심에 가 있음을 곧 알 수가 있다. 이 시대는 지극히 이기주의적이고 자기적이라 인간의 참된 맛을 경험하기란 참으로 어렵다. 그런데, 김광현 시인의 이번 시집을 보면서 마치 사막의 오아시스, 험산 준령을 넘나들면서 만나 영혼의 목을 축이는 샘과도 같이 타인의 고통, 현실을 극복하려고 애쓰는 모든 이들을 향한 애증이 뚜렷하게 묘사되어 있어서 참으로 좋다.

아지랑이 발길 따라
봄바람에 가슴 일렁이거든

생명이 움트는
순천만으로 가라

파아란 갈대 기지개 켜고
때늦은 철새가
못다 한 사랑에 눈물 뿌리는
순천만으로 가라

잠 깨어 일어나는 짱뚱어
칠게의 바쁜 걸음걸음마다

세상의 아픈 기억
속절없이 무너지는
순천만으로 가라

–<순천만으로 가라>1~4연

위의 시는 참으로 좋다. 이 시집의 엑기스를 들라면 단연코 제3부 《순천만 가는 길》에 머문다고 해도 과언이 아닐 만큼 읽는 이의 가슴을 잡아 이끌어드리는 흡력이 강하게 느껴지는 시편들로 가득하다. 〈그렇게 떠나리〉- "파아란 하늘/뭉게구름 떠가듯/나 그렇게 떠나려오//비 오면/작은 우산 하나/받쳐들고//소리 없이/그렇게 떠나려오//밤엔 별 보고/낮엔 구름 보며/그렇게/떠나려오"

이 시대의 시류가 조성해 놓은 등대 없는 바다로 거침없이 밀려오는 '탐욕'의 파도, '상대적 빈곤'과 '상대적 경쟁력으로부터 맞닥뜨리는 불행과 좌절', '종교와 교육과 문화로도 어찌할 수 없는 인간성 타락' 이란 파도가 밀려서 올 때면, 훌쩍 떠나고 싶은 그곳에 뿌리를 두고 살아가는 김광현 시인의 가장 대표할 만한 좋은 시라고 말할 수 있을 만큼, 이 장에 수록된 작품들이 자아내는 순수성, 그리움, 힐링의 에너지를 뿜어내는 향토성을 그대로 시 노래에 담아내고 있다. 〈순천만의 밤〉, 〈무진교에서〉, 〈순천만의 노을〉, 〈순천만에서〉, 〈순천만 그리고〉 등이 그 예다. 언젠가는 시대적, 문명적 곤고함이 마구 밀려서 오면 시인이 노래한 순천만 곳곳을 찾아서 여러 날 쉬었다가 돌아오리라 다짐케 하는 작품들로 인해 필자 역시 이날은 확연히 치유를 경험할 수 있어서 시인께 감사의 마음을 전하고 싶다.

가신님 못 잊어
강변에는
밤새 두견이 울고

조약돌만 남기고
남으로 남으로

거침없이 달려가는
물줄기

보라
야망 가득한
정렬의 물줄기를
강렬한 흐름을

가슴에
차고 넘치는

저 우렁참

드넓게 대양을
향하여
가슴에 표류하는
욕망을 담아

태양으로
달려가는
저 커다란 꿈을

-<강물처럼>의 전문

위의 시와 함께 눈여겨보았던 시들이 〈외로움에 대하여〉와 〈겨울을 기다리며〉, 〈골목길에서〉이다.

참으로 삶이 고(苦)되다. 군중의 고독을 넘어서 사람들로 인하여 받은 고통이 태산과도 같다면 누구 하나 이의를 제기할 수 있겠는가 싶을 만큼, 인간성 상실 또는 타락의 결과물 앞에서 의연한 척, 지식인이나 지성인인 것처럼 고상하게 구는 것도 역시 오래가지 못하여 곧 탄로 난다는 것, 결국 그 실체가 드러나 불신의 대상으로 전락하게 된다는 것쯤은 시대의 뒤란을 넘나 보는 여유와 순수성을 지니고 살아가는 사람들이라면 곧 인식하게 될 것이다. 사람이 신

뢰의 대상이 아닌 긍휼의 대상으로 전락한 그 고유의 가치를 점점 더 상실하고 있음을 인지하게 된다. 그래서일까 시인은 끊임없이 떠나고 싶어 한다. 어디론가 문을 열고 탈출하고자 몸부림한다. 그런데 가도 가도 시인을 만족시켜 주는 곳은 아무 곳도 찾을 수가 없다. 곧 시인이 머물고 있는 그곳이 바로 최상의 안식처임을 알게 된다. 그 시시비비를 모두 담고 있는 시가 바로 위의 시 〈강물처럼〉이다.

그럼에도 불구하고 김광현 시인은 자신에게 곧 찾아오게 될("계절이 바뀔 때면 나는 항상 세월의 빠름과 나의 삶에 대한 아쉬움으로 상념에 젖는다") 계절을 준비하고 있다. 그 시가 바로 〈겨울을 기다리며〉- "문풍지를/어루만지며/달려오는 세찬 바람 ……어서 오라/차가운 북풍아/어서 오라/눈 나리는 계절아"이다. 또 한 편의 시가 〈골목길에서〉-"나지막한/산허리 돌아/맞닿은 좁은 길 끝에//신기루 같은/한자락 그리움/나를 향해 달려온다"이다. 시인의 영혼의 강을 독자들이 가늠하기에는 조금은 무리가 있다. 아무리 공감대를 형성한다고 해도 절대 무리가 있음은 부인할 수가 없는 사실관계 때문이다.

그 이유는 시인의 아픔을 독자가 따라 아파하지 못하는 공간적, 기간적, 사유적, 정도의 차이가 있기 때문이다. 시인은 자신을 버리고, 쓰러뜨리고, 넘어뜨리고 자빠뜨리고,

회의하고, 망명자가 되고, 혹독한 실연을 경험하기도 하고, 가난뱅이가 되기도 하고, 술주정뱅이도 되어 보고, 정의의 날 선 검으로 불의의 정체 모를 대상들을 위협하기도 하는 용기 있는, 순간의 행복을 버릴 줄 아는 용기를 경험하기 때문이다. 위의 시들이 바로 시인에게는 있고, 독자들에게는 없는 그 특이성을 그대로 투시하고 있다고 하겠다. 이와 같이 시인들이 자기희생적 삶의 중심의 강을 넘나들면서 이루어낸 작품들이 누군가에게 읽혀 위로가 된다면 아마도 시인들의 노고는 곧 풀리게 되리라 믿는 것도 바로 시인의 수고로움을 충분히 짐작하기 때문이다.

3. 한 사람 시인의 소리 없는 절규와 안식을 경험하고 다시 현실로 돌아와다

김광현 시인의 작품의 중심을 관통하는 것을 크게 세 가지로 요약할 수가 있겠다. 그 첫째는 끊임없이 자신의 일상적 환경으로부터의 이탈을 시도하는 용기 있는 몸부림이라 할 수 있고, 둘째는 '타인의 얼굴'로서의 친구, 부모 형제, 이웃들을 생각하고 그들의 일상 하나하나까지를 자신의 삶 중심에 끼워놓고 돌보고, 생각하고 그리워하는 숭고한 인간미의 발현이다. 그리고 마지막으로 세 번째는 자신의 고단한 여정 속에서 스스로 일어설 직립의 의지와 정신력과 에너지를 공급받아 남은 인생을 향해 지속적으로 꿈을 꾸는 그 순수성과 진정성 그리고 삶을 아름답게 장식하는 삶의 애착이 느껴진다는 것이다.

그중에서도 시인의 삶을 한마디로 표현하라면 '이타주의에 대한 철학적 삶'이라고 할 수 있다. 그 철학적 삶을 기초로 하여 시를 쓰기에 이 한 권의 시집이 시사하는 바 힐링과 함께 둥지의 안온함이 느껴지는 것이다.

박이문 교수는 이를 두고 다음과 같이 표현하고 있다. "왜 인간은 자기희생적으로 이타적이고 도덕적이어야 하는가? 그 물음에 대한 대답은 실증적인 관점과 철학적 관점에 따라 달라진다. ……이타주의는 하나의 개체로서 인간이 자신의 좁은 세계를 사회와 자연과 우주로 확장하여 단 하나의 우주와 화해하고 개체로서의 삶의 허망함과 우주적 허무주의를 극복하여 개체로서의 의미와 우주 전체로서의 의미 즉 가치를 발견하고 경험하려는 궁극적 영역이며 방법이다."

그렇다면 김광현 시인이야말로 이 우주적 철학의 개념을 이미 깨닫고 이순(耳順)의 삶을 살아오고 있으며 그 사관에 천착하여 자신의 시 문학적 성찰을 경험으로 인간 가치와 의미를 다룰 문학의 고지를 향해 터벅터벅 걸어가고 있는 것이다.

김광현 시인의 또 다른 시의 힘은 '마음의 치유'이다. 이 시집을 읽고 있노라면 어느 사이 시인과 동행하면서 내면의 치유를 경험하게 됨을 깨닫게 된다. 이 시대를 살아가는 사람들은 너무나도 많은 무거운 '고통'이라는 짐을 지고들 살아간다. 어느 누구 하나 그 짐을 나누어서 지고 싶어 하는 눈치가 없다. 무작정 도피 혹은 빼앗거나 그 짐에 짐을 얹어 그들을 더욱더 고통스럽게 만들고 그 틈을 타서 자신의 또 다른 욕망을 채우려고 안달을 부리는 이들 투성인 것 같은 착각을 불러일으킬 분위기가 지배적이다. 이 모든 현상들을 누구에게 물을 것인가?

기코르노는 그의 저서 『마음의 치유』에서 다음과 같이 절규하고 있다. "마음은 치유되고 싶다!" - 우리 몸은 우리가 자기 자신이나 인생을 대하는 전반적인 태도를 반영하는 거울이다. 우리 몸은 우리가 규칙을 위반할 때마다 불쾌감이나 뻣뻣함, 고통 등의 증상으로 우리에게 그 사실을 알려준다. 우리의 몸은 그 나름대로 지혜를 가지고 있으며,

우리에게 균형이 깨졌다는 신호를 보낸다. 질병은 우리로부터 배신당한 육체가 우리에게 대화를 요구하는 방법이라고 할 수 있다.

마지막으로 김광현 시인이 위의 시집에서 은연중 다루고 싶어 하는 그리고 다루고 있는 지침은 '영혼을 찾는 현대인'을 위로하기이다. 그리고 그 위로받은 이웃들과 함께 어깨동무하고 옛날 그 오래 전의 행복을 다시 경험해 봄과 동시에 새로운 미래를 재창조하고 싶은 안식과 꿈을 노래하고 싶은 열정의 엿보임이다.

칼 구스타프 융은 이에 대해서 말하기를 "우리는 확실성을 선택한다. 의심은 절대로 선택하지 않는다. 우리는 결과를 선택한다. 실험은 절대로 선택하지 않는다. 확실성이 의심을 통해서만 생겨날 수 있다는 진리조차, 그리고 결과가 실험을 통해서만 나타날 수 있다는 진리조차 보지 않으려 든다. 문제를 교활하게 부정한다고 해서 확신이 서는 것은 아니다. 우리가 필요로 하는 확신과 명쾌함을 확보하기 위해서는 보다 더 광범위하고 보다 높은 의식이 요구된다."

이상은 김광현 시인의 작품 속에서 발견한 철학적 현상들과 동일한 혹은 유사한 호흡의 결과물이 독자인 우리 모두에게 가져다주는 그 가치 선물인 것이다.

이하는 김광현 시인의 시의 지평을 넓히기 위해서 당부한 선배들의 조언과 함께 시 작업하는데 위로의 양식이 될 잠언을 첨부하고자 한다. 이는 김광현 시인의 시 세계와 순수 그리고 삶의 여백을 공급하는 그 노력에 감사하여 남겨드리는 선물이라고 생각하고 들어 주시면 감사할 일이다.

박목월 시인은 다음과 같이 시 앞에 선 자기에게 고백을 하고 있다. "시를 동경하고, 시를 쓰는 마음은 수목(樹木)과 같은 것이다. 수목이 밝은 햇빛과 푸른 하늘에 그의 손을 뻗고, 또한 자연의 맑은 정기를 모아 그 스스로가 정결하듯 시를 쓰는 마음이야말로, 이 정결한 동경과 아름다움과 영원한 생명의 애절한 꿈을 사모하는 일이기 때문이다. 수목은 그 자체가 자연의 부분을 이루어 아름답듯 시를 쓰는 마음은 스스로 완전한 아름다움을 이루려는 심정일 것이다."

김광현 시인은 분명 순천을 충분히 대표할 아름다운 그리고 순수시인 임에 틀림없다. 그 순천이란 자연의 아름다움을 통해서 독자들을 치유하고 위로하며 순수 비전을 제공하는 시인이기를 당부드리며 위 글이 그 문학적 기로에 선 이정표가 되리라 확신하며 믿는다.

나탈리 골드버그는 그의 저서 『뼛속까지 내려가서 써라』

를 통해서 이 시대의 거룩한 망명자임과 동시에 단독자임을 선언하고 희생적 삶을 지속적으로 살아가는 시인에게 다음과 같은 조언을 아끼지 않고 있다.

"우리의 지각 능력이나 판단력은 저절로 만들어지는 것이 아니다. 지각과 판단력은 우리의 의식과 육체를 거쳐서 나온 경험을 통해 만들어진다. 나는 이것을 '퇴비를 섞는 과정'이라고 부른다. 인생이 남긴 쓰레기 더미는 자꾸 쌓여간다. 우리는 그 안에서 특정한 경험들만을 수집하기도 하고, 때로는 버린 것들을 섞어서 새로운 경험으로 삼기도 한다. 우리가 버린 달걀 껍데기, 시금치 이파리, 원두커피 찌꺼기 그리고 낡은 마음의 힘줄들이 삭아 뜨거운 열량을 가진 비옥한 토양으로 변한다."

김광현 시인은 이들의 지침을 모두 함양하고 살아온 생명력이 풍부한 시인임을 이 시집에서 충분히 발견하고 공감할 수 있어서 시인과 동행을 이룬 것에 대하여 감사와 함께 즐겁고 행복했음을 고백드린다.

끝으로 병든 시대를 향한 시인의 절규를 잊지 않기를 당부드린다. 너무나도 많은 시인들이 정치적으로, 종교적으로 그리고 자기 욕망과 욕구에 매몰된 채 순수성을 잃거나

랄프 왈도 에머슨의 초월주의적 삶이나 데이비드 소로우와 같은 삶의 여유를 찾지 못하고 거칠게 살아가면서 죄의 파편에 난자당한 양심 불량자들이 되어 말장난, 글 장난을 일삼는 일 군에서 이탈되어 정말 독자들과 지친 영혼들에게 위로와 힘의 공감대를 마련해 주는 그런 진짜 시인이 되어 주시기를 기도드린다.

"모든 것은 영원한 기록에 쓰여진다. 우리의 전체 삶, 모든 창조물과 행동들, 조우한 사람들과 경험들, 모든 삶과 시련들이 담긴다. 이 모든 것은 영원한 기록에 보존되고 잔존한다. 이 세상은 위대한 철학자 칼 야스퍼스가 밝힌 바와 같이 해독해야 하는 암호로 쓰여진 원고가 아니다. 세상이 우리에게 받아쓰게 한 기록이다. 그 기록은 극적인 특성을 가지고 있다. 매일 삶이 우리에게 묻는다. 매일 삶의 심문을 받고, 우리는 대답해야 한다. 우리는 자신이 선택한 것, 자신의 과거에 기록하기로 한 것에 책임을 져야 한다." 이것이 바로 시인의 사명이다(빅터 프랭클의 『의미를 향한 소리 없는 절규』 중에서).

이 한 권의 시집이 몹시 지친 사람을 위로하고 세상을 죄악으로부터 구원하고, 새로운 세계로 나가는 돛단배가 되어 주기를 간절히 바라며 김광현 시인의 시적 노동에 박수와 위로의 말씀을 드린다.